CREAZIONE DI RICCHEZZA

 CREAZIONE DI RICCHEZZA

CREAZIONE DI RICCHEZZA

IL TUO SENTIERO PER LA LIBERTÀ FINANZIARIA

CREAZIONE DI RICCHEZZA

 CREAZIONE DI RICCHEZZA

CONTENUTI

Un paio di passaggi per aiutarti a diventare ricco

Ricchezza automatica: Internet lo rende possibile

Costruire le misure di sicurezza finanziaria

Costruire le misure di sicurezza finanziaria II

Costruire ricchezza attraverso joint venture

Miti comuni sulla costruzione della ricchezza

Hai un obiettivo per costruire ricchezza?

Rimuovere le barriere personali alla ricchezza

Come un milionario gestisce un dollaro

Il monitoraggio delle tue finanze rivela lezioni inestimabili

Calcolo del ROI con precisione

Segreti della creazione di ricchezza scientifica - Diversificazione

Segreto per la libertà finanziaria

Dovresti usare un broker privato di gestione patrimoniale?

 CREAZIONE DI RICCHEZZA

Le 5 leggi irremovibili della creazione di ricchezza online

L'abitudine automatica alla creazione di ricchezza

Il percorso verso la vera ricchezza

La soglia tra creazione di ricchezza e distruzione

I veri determinanti della creazione di ricchezza

I due più grandi ladri quando si tratta di creare ricchezza

L'ultimo sistema di creazione di ricchezza

Creazione di ricchezza: un vantaggio della proprietà domestica

Soluzioni di gestione patrimoniale: abbondano le opzioni

Mi chiedo perché non si sta arricchendo rapidamente

CREAZIONE DI RICCHEZZA

Un paio di passaggi per aiutarti a diventare ricco

Le tue strategie avanzate di pianificazione immobiliare non dovrebbero consistere nel farcela da sola. La chiave per far avanzare la tua ricchezza è quella di creare un team di consulenti per la qualità. L'avanzamento della tua ricchezza non può e non deve essere fatto da solo. Molte persone commettono l'errore di fare tutto da sole. Fare tutto da soli va bene, ma se vuoi aumentare la tua ricchezza avrai bisogno di consulenti. Il denaro è un problema emotivo per molte persone. Quando hai difficoltà a gestirlo, ciò che conta è come tu e il tuo team gestite questo conflitto.

Devi prima assumere una persona che è uno specialista di contabilità. Questo professionista non solo ti aiuterà ad aumentare la tua ricchezza, ma ti darà anche l'immagine di sapere in quale direzione sta andando il tuo denaro. In questo modo puoi sapere se le tue spese ti stanno aiutando o danneggiando. Ci sono molte persone che bilanciano i propri libretti degli assegni, ma è necessaria un'opinione esterna. La quantità di denaro che stai facendo è irrilevante quando si tratta di assumere un contabile. Che tu guadagni $ 250.000 all'anno o $ 25.000 all'anno, dovresti comunque avere il tuo specialista in materia. Una volta che hai il tuo commercialista, ora puoi rivedere le tue finanze mensili. Vedrai quali buone e cattive abitudini di spesa hai. Quindi puoi lavorare per eliminare le cattive abitudini di spesa e aumentare le buone abitudini.

Il prossimo consulente che dovresti avere deve gestire perfettamente il settore finanziario. Assumere un buon consulente finanziario è una delle mosse migliori che puoi fare. Può aiutarti a pianificare la tua pensione e altre cose.

Ai consulenti che hai già aggiunto, dovrai integrarlo con uno stratega fiscale. Non importa se sei un lavoratore autonomo, sei proprietario di un'attività in proprio o hai un lavoro dalle 9:00 alle 17:00. Ottenere uno stratega fiscale è essenziale perché i tuoi occhi si apriranno quando vedrai come il denaro viene tassato per persone diverse. Vedrai anche come le persone sono penalizzate con tasse più pesanti su determinati tipi di reddito.

È importante notare che tutti gli specialisti sui diversi argomenti da trattare devono essere scelti con cura. Non assumere solo un consulente che guadagna soldi dalle commissioni. Vuoi un consulente che pratichi ciò che predichi e ci riesca. In questo modo può aiutarti a impostare molte strategie avanzate di pianificazione immobiliare.

 CREAZIONE DI RICCHEZZA

Attira la ricchezza che meriti

Va bene quando hai grandi depositi in banca, molti beni preziosi, abbondanza di qualcosa di valore? Quasi tutto, la ricchezza misurata è in fattori monetari. Diciamo che le persone sono ricche quando vediamo le loro grandi dimore, macchine diverse, molti gioielli o vestiti costosi.

Valutiamo la ricchezza in base a beni materiali, ma è anche importante evidenziare la ricchezza mentale, spirituale e familiare. La ricchezza deve essere il canale dell'abbondanza. La ricchezza materiale può essere ereditata o creata. Alcune persone sono nate ricche, altre hanno bisogno di costruirlo fin dall'inizio per raggiungerlo. La ricchezza genera più ricchezza se sai come gestirla.

Quindi più soldi hai, più diventerai ricco. La ricchezza offre molte opportunità e apre le

CREAZIONE DI RICCHEZZA

porte che si possono trovare chiuse. Elevare la posizione sociale e potenziarti. Possedere un sacco di soldi è il paradiso qui sulla terra. Puoi comprare quello che vuoi, andare dove vuoi e avere ciò che il tuo cuore vuole.

Quando ti rendi conto che il tuo denaro funziona per te e inizia a riprodursi, devi sempre essere chiaro che dovresti ricevere consigli non solo nella tua educazione finanziaria. Altri pilastri saranno molto utili; Questi supporti hanno a che fare con ciò che è legato alla spiritualità. Meditazione, yoga; Sono strumenti importanti per continuare a costruire e rafforzare la tua ricchezza. Una volta ottenuto il risultato atteso, raggiungerai **ABBONDANZA ASSOLUTA**.

In alcuni casi la ricchezza può influenzare le persone. Ciò può accadere a causa di fattori come la mancanza di educazione finanziaria, dal momento che dal nulla hai un capitale elevato (vincendo la lotteria) e non hai gli strumenti adeguati per sapere come gestirlo,

CREAZIONE DI RICCHEZZA

così come quel capitale di reddito, del lo stesso modo se ne va. Anche per alcune persone, guadagnare un reddito molto elevato le ha fatte vivere uno standard di vita così costoso che è stato insostenibile nel tempo.

È importante sottolineare che il denaro non ti renderà una persona egoista, con desideri di male. È solo un esaltatore della tua essenza. Se sei una persona egoista ti renderà più egoista, se sei una persona avara, ti renderà più avaro. Altrimenti, ti renderà più generoso e più caritatevole con la tua coppia.

Ora dimmi, cosa significa ricchezza per te? La ricchezza, come abbiamo detto prima, non riguarda solo la quantità di denaro che abbiamo, ma è piuttosto uno stato d'animo. Alcune persone trascorrono tutta la vita per avere abbondanti ricchezze, ma hanno poco tempo per godersele.

 CREAZIONE DI RICCHEZZA

Ecco perché devi goderti ciò che la vita e hai ottenuto. Prenditi qualche minuto al giorno per ringraziare, per gratificarti con la natura.

Goditi la tua famiglia, i tuoi amici. Sei venuto in questo mondo per essere felice, quindi non sprecarlo.

 CREAZIONE DI RICCHEZZA

Ricchezza automatica: Internet lo rende possibile

Raggiungere ricchezza e prosperità è un sogno che quasi tutti hanno, ma pochi realizzano. Perché?

La persona media è intrappolata in una carreggiata con un lavoro che non gli piace e, in molti casi, un debito schiacciante.

Questo ciclo è difficile da interrompere, ma molte persone si stanno rompendo e raggiungendo i loro obiettivi finanziari su Internet. Internet ha permesso a milioni di persone di creare ricchezza automatica e c'è ancora spazio per te, quindi vai avanti e mettiti al lavoro.

 CREAZIONE DI RICCHEZZA

Crea ricchezza con più fonti di reddito e non solo una

Con Internet, hai la possibilità di creare ricchezza automatica, non semplicemente un reddito. Puoi creare più attività automatiche fino a raggiungere la prosperità, direttamente dal tuo computer di casa. Internet crea il miglior pacchetto di ricchezza perché è vasto nel numero di persone che lo usano.

Puoi scegliere tra migliaia di idee imprenditoriali e anche scegliere un piccolo mercato per la tua attività. Tuttavia, un piccolo mercato online può significare molti soldi per te perché può contenere migliaia o milioni di potenziali clienti in tutto il mondo. Internet ti connette al mondo esterno e non ti limita a coloro che guidano o camminano oltre il tuo negozio locale. È una leva molto potente e benefica. Puoi avere più fonti di reddito, come vedremo più avanti in questo ebook. Puoi dominarlo, ma per questo devi eseguire precedentemente uno studio di mercato su cosa vuoi farci. Non lasciarti superare dalla paura, non posso, questo non fa per me. Prendi le redini della tua vita e agisci, perché se non sei mai entrato in acqua non conoscerai la bella sensazione che ti attraversa la pelle, ma tieni presente che se entri in acqua ma non sai nuotare, annegherai. Quindi prima istruisci su ciò che fai e poi agisci.

Business automatizzato

Un altro motivo per cui la ricchezza automatica online è più fattibile è perché puoi avere un'attività automatizzata. Automatizzato significa che può essere eseguito con il pilota automatico dopo aver progettato il sito Web e aver fatto muovere le cose. Puoi ricevere pagamenti automatizzati tramite moduli online. Puoi automatizzare una e-zine (newsletter elettronica) per i tuoi clienti. Puoi automatizzare i prodotti elettronici via e-mail, come Ebook o materiali di formazione. Esistono diversi modi per

 CREAZIONE DI RICCHEZZA

creare ricchezza automatizzata con un'attività su Internet.

Non aspettarti più stipendi

Un altro vantaggio di un'azienda Internet è che puoi ricevere pagamenti giornalieri attraverso il tuo sito web.

Molti proprietari di attività commerciali online accettano carte di credito o utilizzano un processore di pagamento di terze parti come PayPal o StormPay per accettare pagamenti dai propri clienti. Attraverso questi luoghi, i soldi vanno direttamente sul tuo conto.

Questo ti darà un flusso di cassa costante per la tua attività, in modo da poter avere capitali per le tue entrate, promozioni commerciali e inventario.

 CREAZIONE DI RICCHEZZA

Suggerimenti per la creazione di ricchezza automatica

- Usa il tuo tempo libero a casa per navigare in Internet e trovare opportunità di lavoro che ti interessano.

- Unisciti a una o più persone che hanno già successo in modo da poter apprendere le basi del business online. Anche se devi fare un piccolo investimento, potrebbe valerne la pena.

- Scegli un'attività adatta a te e pianifica le ore del giorno per lavorarci. L'organizzazione è uno dei collegamenti fondamentali per il corretto sviluppo del tuo progetto.

- Continua a costruire fino a quando non avrai acquisito abbastanza ricchezza automatica per abbandonare il tuo lavoro

 CREAZIONE DI RICCHEZZA

quotidiano e intraprendere il nuovo mondo di essere il tuo capo.

Qualunque attività Internet scelga, ricorda che ci vuole pazienza e coerenza per costruirla. Lo stesso vale per qualsiasi altro tipo di attività. Le differenze principali sono che puoi lavorare da casa mentre costruisci il tuo impero.

Inizia oggi con il tuo nuovo business online per realizzare presto i tuoi sogni.

 CREAZIONE DI RICCHEZZA

Costruire le misure di sicurezza finanziaria

Vorremmo tutti pensare a noi stessi a goderci le cose più belle della vita, senza doverci stressare dalle finanze e senza preoccuparci di invecchiare, avere carenze di denaro, non essere riconosciuti quando siamo in questo mondo e meno quando partiamo da esso.

Ma se attualmente vivi da uno stipendio all'altro, senza essere in grado di andare avanti, senza avere risparmi, come puoi cambiare le cose? Da dove inizi a interiorizzare e conoscere le finanze?

La cosa migliore da fare è sedersi, fare un respiro profondo e contemplare le differenze tra coloro che hanno e quelli che non lo fanno, tra i successi e quelli che non lo sono .

CREAZIONE DI RICCHEZZA

Cosa fanno il successo e il ricco, che è diverso dal tuo modo di vivere? Quali sono i principi che usano per creare ricchezza? Prima di tutto devo dirti che la mentalità è fondamentale. Una mentalità di abbondanza porterà abbondanza e una mentalità di scarsità porterà scarsità. Informati, educati, applica i concetti appresi e cambia il chip della scarsità in abbondanza. Questo primo grande passo ti darà la fiducia di cui hai bisogno per iniziare questo meraviglioso percorso di libertà finanziaria.

Una volta scoperti i principi che sono stati usati da altri che hanno creato la sicurezza economica, allora sembra che l'unico passo rimanente sarebbe cercare di duplicare il processo.

Di seguito è riportato un elenco di alcuni dei principi della creazione di ricchezza. Questi concetti sono stati ampiamente utilizzati da coloro che hanno già creato un capitale enorme.

CREAZIONE DI RICCHEZZA

1. Usa l'interesse composto / potere di crescita

John D. Rockerfeller una volta descrisse l'interesse composto come "l'ottava meraviglia del mondo".

La capitalizzazione è anche nota come velocità e tempo perché più è lungo il tempo e maggiore è il tasso di crescita, maggiori sono gli effetti della capitalizzazione.

La capitalizzazione funziona consentendo di aggiungere qualsiasi interesse guadagnato all'investimento iniziale, quindi il lotto di interesse successivo viene calcolato sulla somma dei due e così via. L'interesse viene guadagnato sugli interessi. Ciò dà l'effetto di aumentare esponenzialmente il valore di un investimento.

CREAZIONE DI RICCHEZZA

Uno dei modi più semplici per calcolare come funziona l'interesse composto con diversi tassi di rendimento è familiarizzare con la Regola del 72. Questa regola afferma che "Il numero di anni che ci vorrà per raddoppiare il tuo denaro è 72 diviso per l'interesse (tasso di aumentare).

Pertanto, se hai $ 1.000,00 investiti al 10% di interesse, il numero di anni necessari per raddoppiare i tuoi soldi a $ 2.000.000 è 7,2 (7 anni e 2 mesi).

72 diviso per 10 = 7.2

2. Utilizzare il metodo provato e vero di investire in immobili residenziali.

Le statistiche mostrano che oltre il 98% dei milionari del mondo ha fatto i propri soldi attraverso la proprietà.

 CREAZIONE DI RICCHEZZA

Non dovrebbe essere una sorpresa, perché tutti hanno bisogno di un posto dove vivere e in genere almeno un terzo della popolazione affitta. La proprietà è un must, quindi non può mai passare di moda.

All'aumentare della popolazione, aumenta anche la necessità di alloggi. Pertanto, le leggi della domanda e dell'offerta garantiranno che i prezzi continueranno a salire.

Le banche considerano la proprietà come uno degli investimenti più sicuri ed è per questo che ti presteranno un'alta percentuale del valore. Questo porta al prossimo principio.

3. L'uso di denaro o attrezzi di altre persone è uno strumento ampiamente utilizzato dai ricchi.

Perché è così importante usare i soldi degli altri ? Il motivo è che è possibile utilizzare la "leva" per ottenere un risultato più elevato di quello che si sarebbe potuto ottenere utilizzando solo i propri contributi. La parola leva deriva da "leva". Come è noto, una piccola quantità di forza applicata a un'estremità di una leva può produrre una forza molto maggiore di quella inizialmente esercitata. Una leva ha l'effetto di moltiplicare la potenza esercitata.

Nel caso degli investimenti, è noto come leva quando si utilizza solo una piccola parte del proprio denaro, diciamo un deposito del 10% in una casa di $ 300.000,00 e si prende in prestito (leva) il resto, in questo caso 90 %. La crescita del capitale di cui beneficiate viene calcolata dai $ 300.000,00, non solo dai $ 30.000,00 che avete contribuito personalmente, il che ha l'effetto di moltiplicare la vostra plusvalenza.

La leva ti consente di acquistare una proprietà molto più costosa di quella che potresti se solo utilizzassi i tuoi soldi.

 CREAZIONE DI RICCHEZZA

Controllare le attività di valore più elevato significa che la crescita composta ha molto su cui lavorare, e quindi il tuo patrimonio netto crescerà molto più velocemente.

Questo fenomeno consente di creare un portafoglio di investimenti più rapidamente di quanto sarebbe altrimenti possibile.

 CREAZIONE DI RICCHEZZA

Costruire le misure di sicurezza finanziaria II

1. Impara a fissare obiettivi

La maggior parte degli imprenditori e degli investitori di successo e autonomi ha ottenuto il proprio successo pianificando di farlo.

Hanno fissato obiettivi per se stessi e li hanno raggiunti. Passano il tempo a leggere e apprendere sulla creazione di ricchezza e sono felici di imparare dagli errori e dalle esperienze altrui, oltre che dai propri. Stabiliscono obiettivi e si rendono conto che saranno in grado di raggiungerli molto meglio se conosceranno i modi in cui le altre persone hanno agito e le cose che gli altri hanno fatto per avere successo. Le persone ricche creano ricchezza usando attentamente le entrate che hanno a disposizione al loro massimo vantaggio. Sanno che lavorare sempre più ore non è il modo per raggiungere la libertà finanziaria, ma devono usare ciò che hanno e farlo crescere.

Avere un obiettivo ti consente di concentrare le tue energie sull'ideazione di modi per raggiungerlo. Quando qualcuno prende una decisione e inizia a concentrarsi sul raggiungimento di un obiettivo specifico (e ancora meglio in un determinato periodo di tempo), la potente mente subconscia inizia a lavorare e inizia a giocare con le idee e sviluppare strategie in vari modi per raggiungere il completamento. obiettivo di successo.

Quando stabilisci un obiettivo, sia il tuo conscio che il tuo subconscio iniziano a lavorarci su e iniziano a sviluppare un piano d'azione. Inizierai a farti domande su cosa devi fare per raggiungere il tuo obiettivo.

 CREAZIONE DI RICCHEZZA

Molti trovano idee e soluzioni sorprendenti ai problemi, ma quando compaiono gli ostacoli, non sanno come gestirli, impedendo loro di raggiungere il loro obiettivo. Il subconscio è uno strumento estremamente potente. Più ricordi a te stesso il tuo obiettivo, più la tua mente lavorerà per raggiungerlo. Alcune persone trovano risposte che arrivano quando dormono.

Hai mai notato che non esiste alcuna correlazione tra essere ricchi e avere un QI elevato o un diploma universitario? Se ci fossero, tutti i dottori e i laureati sarebbero ricchi e, come mostrano le statistiche, la maggior parte di loro finisce nella stessa situazione del 95% della popolazione.

Stabilire obiettivi ti aiuta a concentrare le tue energie sullo sviluppo di strategie sostenibili a lungo termine che ti aiutano a vedere il quadro generale . Una volta che puoi vedere il quadro generale, puoi sviluppare piccoli obiettivi secondari. Gli obiettivi secondari sono obiettivi piccoli e semplici che possono essere seguiti passo dopo passo. Quando raggiungerai progressivamente i tuoi obiettivi secondari, ti avvicinerai sempre più ai tuoi obiettivi principali. Gli obiettivi sono semplicemente piani per avere successo. Si dice che se "Non puoi pianificare, allora prevedi di fallire". Gli obiettivi ti aiutano a rimanere motivati. Il raggiungimento progressivo dei tuoi obiettivi può portare a una meravigliosa sensazione di soddisfazione.

2. Impara a budget

Il budget non deve essere noioso. Tutto quello che devi fare è avere informazioni sulle tue finanze, un piano per realizzare e disciplinare te stesso:

Qual è il tuo reddito? Quali sono le tue spese regolari? e quindi assicurati che tutte le altre spese siano inferiori all'importo rimanente.

Ciò ti consentirà di iniziare a risparmiare e investire. Il budget ti mette in controllo delle tue finanze.

3. Informazioni sugli investimenti, in particolare sugli investimenti immobiliari

Scopri come ricercare il mercato immobiliare, così puoi acquistare immobili che non solo ti danno un buon rendimento locativo, ma ti danno anche la migliore crescita del capitale possibile.

Leggi libri di investimento, leggi autobiografie di persone di successo, parla con persone che sono riuscite a fare quello che vuoi fare. Più impari, più facile sarà riconoscere un buon investimento.

Scopri gli ingranaggi negativi, neutri e positivi e come questo è uno strumento prezioso che ti permetterà di costruire una base di ricchezza in un momento di punta,

 CREAZIONE DI RICCHEZZA

rispetto al solo investimento dei tuoi dollari guadagnati duramente.

Dopo aver studiato te stesso e aver compreso questo mercato, saprai perché investire nella proprietà è uno strumento così potente e puoi anche iniziare il percorso verso la sicurezza finanziaria.

Costruire ricchezza attraverso joint venture

Quasi tutti i miliardari di oggi hanno costruito i loro imperi in una joint venture di qualche tipo. In passato, le joint venture erano costruite su fusioni, amicizie, reti e alleanze. Internet ha introdotto la partecipazione a società di venture capital che lavorano per unire editori web con prodotti che possono vendere.

I principi fondamentali alla base delle joint venture hanno un buon senso degli affari. Spesso è più economico pagare un sito Web ricco di contenuti, una percentuale delle vendite o una commissione per il traffico in entrata, in cambio dell'esposizione.

Il web lavora per collegare siti ricchi di contenuti con le piccole imprese. Ma, come tutto, esiste un modo giusto di formare un'azienda e un modo sbagliato.

Programmi di affiliazione

Uno dei più popolari sono i programmi di affiliazione che funzionano attraverso Commission Junction, Click Bank e il programma di conformità di Amazon. Ciò consente all'editore web di scegliere i prodotti che desidera promuovere. In cambio, la piccola impresa riceve uno strumento "pre-vendita" e un aumento del traffico.

Tuttavia, non tutti gli editori web sono uguali. Molti non comprendono i punti più fini della prevendita. Credono che il loro unico scopo sia quello di creare un "segnaposto" sul Web affinché l'annuncio venga visualizzato.

 CREAZIONE DI RICCHEZZA

Ciò lo rende frustrante per un piccolo imprenditore che paga migliaia di clic ma fa relativamente poche vendite.

La maggior parte delle aziende alza le mani dopo pochi mesi e urla "C'è qualcosa di meglio?"

La risposta è semplice: si.

Ci sono migliaia di opportunità di joint venture là fuori. Probabilmente ce ne sono meno di una dozzina. La maggior parte di loro, ad un prezzo molto superiore a quello che può pagare un lavoro professionale a casa.

Ciò costringe i professionisti della casa a fare le cose alla vecchia maniera. Prenditi il tempo per navigare sul web. Se uno o due siti Web offrivano un ROI (ritorno sull'investimento)

eccellente per la tua campagna PPC (Pay Per Click), visita il sito Web.

Se il sito Web include un forum, blog, nuovi contenuti, mailing list, il piccolo imprenditore ha trovato una miniera d'oro. Ponete contatta il web editor e chiede loro se sarebbero interessati a una joint venture.

Qualità

La libertà di navigare nel sito Web e cercare i migliori siti di gestione dei contenuti può aumentare notevolmente il ROI.

Alcuni dei più grandi siti di gestione dei contenuti hanno le proprie tariffe pubblicitarie. Questo può semplificarti la vita, ma ci sono modi per offrire agli editori più valore.

 CREAZIONE DI RICCHEZZA

Aggiungere valore

Un modo per aggiungere valore è chiedere all'editore se c'è qualcosa che puoi vendere per loro. Molti editori web possono facilmente creare un libro. Aggiungerlo al tuo "pacchetto" può aumentare il tuo desiderio di aiutare a vendere e dare loro più collegamenti.

Successo

Il successo di un programma di joint venture è racchiuso nel contratto. Se la società non richiede un contratto legale, considera di utilizzare un servizio come www.adbrite.com in cui possano collaborare, utilizzando la piattaforma Adbrite per tenere traccia dei dati e contribuire a generare ricchezza.

 CREAZIONE DI RICCHEZZA

Miti comuni sulla costruzione della ricchezza

Esistono alcuni miti comuni che impediscono al lavoro nelle imprese locali e agli investitori di raggiungere il successo. Questi miti possono avere un forte impatto psicologico sui proprietari di piccole imprese, impedendo loro di generare ricchezza e impedendo loro di raggiungere il loro pieno potenziale.

Il denaro genera denaro

La storia che devi nascere con i soldi o che non otterrai mai è completamente un mito. Milionari vengono fatti ogni giorno. La maggior parte inizia con niente e usa un programma fallito per migliaia di altri imprenditori. Bill Gates, Ophra e Martha

 CREAZIONE DI RICCHEZZA

Stewart, tra gli altri, sono partiti da umili origini. Uno dei modi per espandere la tua ricchezza è avere un impatto su milioni di persone, perché quando ciò accade, quei milioni di persone accetteranno ciò che hai da offrire.

Il denaro viene guadagnato a spese dei poveri

Se hai paura di scegliere l'anello di bronzo perché temi di rovinare la vita di qualcun altro, rilassati. Il tuo playbook può essere morale, etico e fondato su valori antichi e porterà a ricchezza indicibile. Il modo più semplice per diventare ricchi è, come detto sopra, creare valore nella vita delle altre persone. C'è abbastanza denaro per tutti. Molti programmi "lavoro a casa" lo dimostrano. La società può vendere 10.000 programmi. Solo perché solo 100 persone hanno avuto successo non significa che lo spettacolo sia stato una truffa. Coloro che non hanno successo non credono di poterlo fare.

CREAZIONE DI RICCHEZZA

Ricorda che il successo inizia nella mente. Devi credere che puoi avere successo prima di avere successo. Visualizzare ciò che vuoi, anche prima di possederlo, sarà il motore che ti spinge a rimanere sul ring.

Devi sacrificare la famiglia per costruire ricchezza è **FALSO**

I ricchi non lavorano così duramente come gli operai che gestiscono le aziende che hanno costruito la loro ricchezza.

Questa generazione ha coniato una nuova frase, "Lavorare sodo o lavorare in modo intelligente".

C'è una differenza tra lavorare sodo e lavorare in modo intelligente. Le persone di successo imparano a lavorare in modo intelligente. Imparano a emulare le persone di successo e le usano come modelli di ruolo

 CREAZIONE DI RICCHEZZA

per evitare errori commessi da altre persone.

Puoi risparmiare un sacco di tempo, denaro, fatica e alcuni grossi mal di testa trovando un mentore o assumendo un coach di vita / successo.

Iniziare la tua attività richiede molto lavoro, ma puoi scegliere di avere un'attività di successo e una famiglia.

I ricchi non possono vivere una vita normale

La maggior parte dei milionari di oggi vive in città suburbane e conduce una vita normale. Il sogno di vivere la vita ricca e famosa ha perso la sua lucentezza. Sempre più persone stanno imparando che la fantasia della ricchezza era più attraente della realtà.

 CREAZIONE DI RICCHEZZA

Tuttavia, puoi vivere la bella vita senza rinunciare a una vita normale.

Non c'è motivo per cui non si possa andare in vacanza con la famiglia al campo durante il fine settimana, e quindi partecipare a una conferenza in abiti e scarpe costosi e di alta qualità durante la settimana.

Non lasciare che la paura di essere ricchi ti impedisca di realizzare i tuoi sogni.

La vita è dolce. Sarà ciò che deciderai di fare finché ti ricordi che nessuno può definire chi sei, a meno che tu non dia loro il potere.

CREAZIONE DI RICCHEZZA

Hai un obiettivo per costruire ricchezza?

I soldi sono là fuori. Non importa quante persone ti dicono che siamo nel mezzo di un'economia di crisi, che il mercato sta facendo questo o quello, e che è troppo rischioso "giocare", per così dire, la gente diventa ricca ogni giorno. Questa è la realtà.

Il trucco, ovviamente, è diventare una di quelle persone.

"Sì", potresti dire. "Quel ragazzo è stato fortunato. Quali sono le possibilità che ciò accada a me? "Bene, assolutamente zero se non fai nulla in modo che i tuoi sogni possano creare ricchezza. Cadere nel cliché della fortuna è sottovalutare la persona che ha raggiunto il successo. Smetti di guardare i risultati degli altri e inizia a indagare quali sono i passi che quella persona ha intrapreso per forgiare la propria ricchezza. Smetti di essere lo spettatore critico per diventare l'attore che recita.

Diventare ricchi non riguarda il caso. La fortuna aiuta la mente preparata, devi gettare le basi per cogliere l'opportunità quando si presenta. Devi essere in grado di riconoscere non solo queste opportunità, ma anche le risorse per sfruttarle.

Porre le basi implica avere un piano per il tuo futuro finanziario, quindi qual è il tuo piano per costruire ricchezza?

Se, come la maggior parte delle persone, non ne hai uno, allora non vali mai l'abbondanza di denaro. Ma se riconosci che solo tu sei responsabile della tua vita, questa sarà una questione completamente diversa.

CREAZIONE DI RICCHEZZA

Secondo Robert Kiyosaki, autore della serie di libri: "Rich Dad, Poor Dad", afferma che dovresti controllare la tua filosofia finanziaria.

Nel suo libro, "Il quadrante del flusso di denaro", l'autore descrive le quattro filosofie che gli vengono descritte dall'uomo che definisce il suo "padre ricco". Sul lato sinistro del quadrante sono le E e le S: I dipendenti e i lavoratori autonomi.

La filosofia della E si basa sulla sicurezza, mentre la filosofia della S si basa sul fare le tue cose. Sebbene non ci sia nulla di sbagliato in nessuna delle due filosofie, nessuna delle due è probabile che ti aiuti a costruire molta ricchezza.

Sul lato destro del quadrante di Kiyosaki ci sono B e I: imprenditori e investitori. La differenza tra una B e una S, dice Kiyosaki, è che la B ha costruito un sistema che può manipolare per eseguire, liberandolo per altre attività finanziarie o personali. Un S semplicemente "possiede un lavoro", come dice Kiyosaki, ed è parte integrante dell'operazione da essere essenzialmente un prigioniero. La società che hai creato è il tuo "bambino". Ma sappiamo tutti quanto siano esigenti i bambini e se un'azienda non diventa mai un adulto in grado di sopravvivere senza maternità, ti consumerà la maggior parte del tempo.

Il trucco, quindi, non è quello di costruire un prodotto migliore. Sta creando un prodotto migliore, in modo più efficiente rispetto alle proprie risorse. Costruisci un sistema, non un lavoro. Quindi avrai i soldi e si prenderà cura delle tue esigenze personali e ti permetterà di investire.

Se hai già un sacco di soldi con cui lavorare, puoi andare avanti e saltare direttamente al quadrante I, dopo aver investito nella tua educazione e aver imparato come funziona.

 CREAZIONE DI RICCHEZZA

Investire è rischioso se salti alla cieca, ma se sai cosa stai facendo, è una questione completamente diversa.

Quindi costruisci le basi con l'istruzione e poi costruisci la tua ricchezza come se stessi costruendo una struttura.

Non lesinare sui materiali, ma fallo metodicamente. Alla fine, ti ritroverai a guardare un imponente edificio che ti aiuterà a resistere a qualsiasi tempesta.

CREAZIONE DI RICCHEZZA

Rimuovere le barriere personali alla ricchezza

La ricchezza è la condizione dell'abbondanza e della ricchezza generosa, che ha un'abbondante offerta di beni materiali, risorse e denaro. Potrebbe anche essere definito come proprietà di valore economico monetario.

In economia, la ricchezza è definita come lo stock di capitale fisico, risorse umane e attività finanziarie nette che un paese possiede all'estero. Il capitale fisico costituisce la proprietà di strutture edili, macchine, ferrovie e altre immobilizzazioni materiali. Il capitale umano, d'altra parte, è la forza lavoro di qualità con un'enfasi sul rendimento scolastico, che contribuisce alla produttività del paese. Mentre il capitale finanziario netto è regolato dal valore monetario delle attività acquisite da stranieri nell'economia locale fino all'acquisizione estera del paese.

Spesso la ricchezza è associata a denaro come risparmi, investimenti e altre forme di capitale finanziario.

Ma la parola "ricchezza" deriva dalle vecchie parole inglesi "benessere" (benessere) e "th" (condizione), che quando combinati significa "condizione di benessere". "Economico", d'altra parte, deriva dalla parola greca "oikonomia" che significa "gestione familiare".

In una prospettiva diversa, alcune persone vedono la ricchezza come una vera rivelazione di veri valori e spiegano ciò che è considerato importante per la vita come un riflesso dell'immagine e del sé reale.

CREAZIONE DI RICCHEZZA

Oggi, la società deve affrontare la sfida di mantenere una vita di qualità, che contribuisce all'equilibrio tra economia e qualità. Tale prospettiva consente a un individuo di valutare beni reali: forza e opportunità per migliorare il potenziale reale.

Una persona che cerca di allineare valori e principi con la condizione del benessere crede di cercare una vera ricchezza, tutto ciò che rende la vita utile (benessere personale, professionale, spirituale, ambientale e finanziario).

Le persone definiscono principalmente la ricchezza autentica in termini di relazioni armoniose con familiari, supervisori, colleghi, colleghi, vicini e conoscenti.

Alcuni lo vedono nella semplicità e complessità delle creazioni naturali. Oppure potrebbe essere misurato in termini di gioia,

CREAZIONE DI RICCHEZZA

coesione sociale e pensieri e idee astratti non quantificabili.

Un'altra parola rilevante che può essere correlata alla ricchezza è valore, che deriva dalla parola latina "volorum", che significa "essere degno". Spesso il valore connota espressioni monetarie come costi di investimento, prezzi e rendimenti.

Ma il vero valore (valore) si trova nelle cose semplici che rendono la vita degna di essere vissuta. È il valore delle relazioni, il valore di ciò che possiedi e non brami le cose che non sono in tuo possesso.

CREAZIONE DI RICCHEZZA

Come un milionario gestisce un dollaro

Se non sai come gestire un milione di dollari, ti garantisco che i soldi spariranno rapidamente. Proprio come il 90% dei vincitori della lotteria che falliscono in cinque anni, non avevano la disciplina di base o la formula per gestire il denaro che avrebbe creato una base finanziaria che sarebbe durata per generazioni. Scopri come gestire un solo dollaro in modo da poter passare da solo ai grandi campionati finanziari.

Dai un milionario al dollaro e faranno qualcosa di prevedibile: mostreranno la disciplina per non spenderlo. Quel dollaro sarà depositato in un conto di risparmio in cui genererà interessi attivi. Un milionario non spende entrate guadagnate! Spendono solo le entrate dai loro investimenti. Un milionario cambia denaro da un lavoro, una retribuzione per straordinari, bonus, ecc. A conti di investimento. Quando inizi, probabilmente non hai alcun investimento, quindi come pagherai le tue bollette? Rifiuta il detto: "Cerca di risparmiare un po 'di denaro dopo aver pagato le bollette ogni mese". Ciò accade raramente e potrebbe essere troppo poco per essere sommato. Questo detto è psicologicamente al contrario. Il nuovo detto con cui voglio che inizi a cambiare la tua visione è: "paga te stesso prima e metti in atto quei risparmi in modo che con interesse composto tu possa goderti i risultati", i soldi devono lavorare per te e no viceversa. Quando saprai come dominarlo, noterai un'enorme differenza.

Parliamo di blocchi finanziari. Dare un milionario un dollaro e lo dividerà in vari elementi costitutivi di una solida base finanziaria. Dieci centesimi di quel dollaro andranno su un conto di investimento permanente che non viene mai speso. Questo account crea la tua ricchezza. Come ho detto prima: "La ricchezza può essere creata e mantenuta solo dalla quantità di denaro che ricevi e non spendi". Bene, questo è l'account e devi aumentarlo di una parte di ogni dollaro che ricevi. . Altri dieci centesimi andranno su un conto di risparmio. Questo è un conto spese in ritardo per acquisti costosi come vacanze, riparazioni a casa o auto.

I milionari risparmiano denaro per acquistare qualcosa prima di acquistarlo, non successivamente a credito dove devono pagare gli interessi. I prossimi dieci centesimi sono destinati all'educazione alla ricchezza. L'economia è in continua evoluzione e alla fine sei tu dove devi prima indirizzare tutti i tuoi soldi. L'unico modo per farlo con saggezza è aumentare la tua conoscenza degli investimenti. Ottieni idee di investimento pagando consulenti, libri, corsi, newsletter, riviste e giornali. Le tre valute che sono state allocate per scopi diversi è la formula della ricchezza milionaria; Ecco come la ricchezza può essere costruita per durare per generazioni. È solo dopo che questi tre cubi ottengono la loro quota del dollaro che una parte di esso viene allocata alle imposte su quel dollaro. Tieni presente che un milionario paga l'esattore delle tasse dopo che i principali elementi costitutivi hanno ottenuto la loro parte.

Non esiste un "reddito al lordo delle imposte". Esiste un obbligo fiscale su tutti i redditi da qualsiasi fonte. Quindi, un milionario avrà una strategia fiscale per ricevere quel dollaro prima che venga depositato in banca. I milionari non pagano troppo le loro tasse, amministrano gli obblighi fiscali perché sono le loro maggiori spese (aggiungi quanto hai pagato per l'imposta sul reddito all'IRS, allo stato, alla città e alle tasse sulla proprietà; è probabilmente un numero molto più alto che ti aspetti). Alcuni modi per ridurre al minimo le imposte includono la creazione di un'attività a tempo parziale per la creazione di deduzioni legittime, l'acquisto di investimenti che offrono ammortamenti come immobili e petrolio e la ricerca del CPA migliore per consigliarti.

La formula di gestione di un dollaro che i milionari seguono è: minimizzare gli obblighi fiscali, allocare parti di esso per costruire la propria base finanziaria, ridurre la percentuale di reddito guadagnato che si spende fino a raggiungere lo zero e creare disciplina per seguire costantemente questa routine. A che età vorresti aver imparato questo materiale? A che età pensi che dovresti iniziare a esporre i tuoi figli a queste idee? La risposta corretta è: **AL PIÙ PRESTO**.

CREAZIONE DI RICCHEZZA

Il monitoraggio delle tue finanze rivela lezioni inestimabili

L'elemento più importante nella costruzione della ricchezza è misurarla. Le persone che hanno continuamente aumentato il loro patrimonio netto lo seguono per guidare e rimanere motivati a raggiungere obiettivi finanziari sempre più elevati. Vedere i risultati misurabili delle tue decisioni di spesa e investimento è il primo passo per prenderne il controllo. Al contrario, le persone che si trovano nella peggiore situazione finanziaria non hanno idea di dove vengano spesi i soldi e hanno troppa paura di sapere quale potrebbe essere il loro patrimonio netto. "Non puoi gestire ciò che non è misurato." Pensaci: se fossi molto ricco, passeresti un po' di tempo ogni settimana a

CREAZIONE DI RICCHEZZA

gestire alcuni aspetti del denaro. Bene, se vuoi migliorare la tua situazione finanziaria, è necessaria una versione per principianti di un metodo di gestione e monitoraggio del denaro. Inoltre, più soldi accumuli, più attività e obbligazioni finanziarie dovrai controllare. Se non hai stabilito il tuo seguito finanziario prima di acquisirli, sicuramente non li avrai a lungo.

Se non vedi o senti i guadagni e le perdite delle tue decisioni finanziarie, stai giocando il complicato gioco della vita senza scorecard. Questo è il numero di persone con un lavoro dignitoso e un'assicurazione dignitosa che si trovano ancora in difficoltà finanziarie. È necessario disporre di parametri di riferimento per la navigazione per sapere se ci si sta dirigendo verso la creazione o la distruzione della ricchezza. È monitorando il tuo patrimonio netto che inizierai a scoprire l'impatto finanziario e le conseguenze delle tue decisioni.

CREAZIONE DI RICCHEZZA

Il punto di partenza per la misurazione finanziaria è una semplice dichiarazione del patrimonio netto (o del bilancio). Se non hai mai sentito questo termine, è un elenco dell'attuale prezzo di mercato di tutto ciò che possiedi e di ciò che devi agli altri. La differenza tra questi due numeri si chiama patrimonio netto e questo è il numero che si desidera misurare e aumentare ogni mese.

Proprio come in un'azienda, una volta che inizi a misurare le conseguenze finanziarie del tuo comportamento, puoi iniziare a creare le tue regole di spesa personali. Ad esempio, se la maggior parte del tuo reddito mensile viene speso nei ristoranti, prova a stabilire una regola che esce solo due volte a settimana. Se spendi troppi soldi per la benzina, devi trovare diversi modi per ridurla. Idee semplici e regole successive come queste ti aiuteranno ad aumentare il tuo patrimonio netto, portando a idee più grandi e trasformandoti in maggiori profitti.

CREAZIONE DI RICCHEZZA

Se scopri di avere un debito elevato che sta diminuendo il tuo patrimonio netto, o forse il tuo patrimonio netto negativo, quali regole di debito creerai per te stesso? Dopo aver risparmiato denaro, dove lo metterai? Quanto tempo sei disposto a dedicare al monitoraggio?

Quanti sforzi sei disposto a fare per educare te stesso sugli investimenti? Queste domande ti aiuteranno a costruire le tue regole di investimento. Alla fine, avrai regole per la spesa, il risparmio, l'utilizzo del debito e gli investimenti, che daranno forma al tuo piano personale per iniziare a spostare il tuo patrimonio netto in una direzione molto positiva.

Pensa ad aggiungere una regola che può essere: leggi un nuovo libro finanziario ogni mese, per educare te stesso. All'inizio, creare una tabella Excel con debiti e crediti può essere di grande aiuto in modo da poter vedere le tue spese e le tue entrate in un modo più concreto. Ad ogni modo, oggi la tecnologia ti mostra più direttamente, in modo che tu possa sentirlo, attraverso l'home banking. Tieni presente che questi primi passi che farai sono essenziali perché forgeranno la tua disciplina monetaria.

Le spese che d'ora in poi dovrai fare, dovrai dividerle in quelle spese impossibili da non effettuare e al loro interno sarebbero cibo, certe tasse, tra le altre. D'altra parte hai le cosiddette spese di formica che sono quegli acquisti che uno sta avendo e che non considera che abbia influito sulla tua tasca, ma nella somma di questi se ti rendi conto che possono essere dannosi, e questi possono essere: un mese intero comprando da te una colazione da qualche parte di tua preferenza, ogni giorno comprati una delizia che ti piace.

Finalmente hai le cosiddette spese inutili e qui ci sono quegli oggetti che uno compra solo per l'impulso del piacere che gli ha fatto vedere quel determinato articolo, senza pensare correttamente se ne hai davvero bisogno e quanto può influenzare il tuo accumulo di ricchezza . Con tutto ciò non voglio che tu pensi che non devi darti alcun piacere, solo che devi essere meticoloso, e soprattutto all'inizio, con la tua ricchezza.

Devi rafforzare la tua mentalità. A chi non piace acquistare un nuovo oggetto? così puoi mettere da parte il 10% delle tue entrate ogni mese e chiederle di comprarti una nuova camicia, un nuovo jeans; Un altro 10% per darti dei gusti quando esci in un bel ristorante, o anche se ti piace fare colazione fuori ogni giorno, hai un sistema per contemplare questa spesa e non lasciarla al caso.

Quello che devi riconoscere è che devi essere consapevole di tutto ciò che entra e esce dalla tua tasca e che devi metterti in piedi per stabilire un sistema in modo che il denaro che entra **SEMPRE** cresca da solo e che ciò che inserisci sia più di ciò che entri che viene

CREAZIONE DI RICCHEZZA

fuori, solo allora puoi creare la tua ricchezza. I tuoi rendiconti finanziari e le tue regole finanziarie possono essere semplici o sofisticati come desideri.

Dopo aver calcolato la prima dichiarazione del patrimonio netto, inizierai a pianificare gli acquisti e i pagamenti come indicato sopra. Ad esempio, se la tua polizza di assicurazione auto arriva una volta all'anno, puoi calcolare quanti soldi devi mettere da parte ogni mese per pagarlo facilmente quando arriva. Oppure, se stai acquistando una nuova auto, sarai molto più felice a pianificare i costi iniziali prima di essere spremuto alla fine del mese e finire per pagare alcune bollette in ritardo.

Dopo aver acquisito familiarità con una dichiarazione del patrimonio netto, è possibile passare a una dichiarazione delle entrate e delle spese. Quindi fai delle proiezioni per tutte le tue dichiarazioni. E la

creazione di scenari come: Quanto costa un obiettivo ragionevole per i redditi da pensione per te?

Di quanto sarà necessario il patrimonio netto entro quando? Come hai intenzione di aumentare le tue entrate, aumentare i tuoi risparmi, aumentare i rendimenti degli investimenti?

Le risposte si baseranno sulle abitudini finanziarie, sugli strumenti e sull'educazione che svilupperai, ma tutto può iniziare con la tua prima dichiarazione di patrimonio netto.

 CREAZIONE DI RICCHEZZA

Calcolo del ROI con precisione

La frase "ritorno sull'investimento" (ROI) è molto usata, ma sai cosa significa veramente e come calcolarlo?

Tre modi per calcolare il ROI:

Cash on Cash : se $ 20.000 vengono investiti e crescono di $ 10.000, si tratta di un tasso di rendimento cash-on-cash del 50%, il che è ottimo per la creazione di ricchezza.

Importo totale dell'investimento : se depositi $ 20.000 per un mutuo di $ 200.000, la crescita si verifica a $ 200.000, non su ciò che hai inserito inizialmente. Si potrebbe dire che ciò è meno rilevante perché l'importo realizzato in ciò che è stato originariamente collocato è più importante e utile.

Costo opportunità perso : quando stai cercando di raccogliere fondi con i soldi di qualcun altro, devi dimostrare la perdita che potrebbe verificarsi se non investi. Se hai un investimento che paga il 20% di interesse e il creditore ha denaro in qualcosa che paga solo il 5%, devi mostrargli quanto sta perdendo se perde l'occasione.

Cosa fanno i ricchi che non facciamo

I ricchi sviluppano una nicchia di creazione di ricchezza che consente loro enormi tassi di rendimento su ciò che fanno: immobili, investimenti di mercato, le loro attività quotidiane.

CREAZIONE DI RICCHEZZA

Una volta che ottengono i soldi, senza dubbio, il più ricco dei ricchi compra obbligazioni, bollette chiave o qualche altro tipo di fondo che produce tra il tre e il cinque percento.

Vogliono proteggere il loro principio. Tirano i dadi solo in un'area di esperienza dove possono aspettarsi un ritorno sicuro.

 CREAZIONE DI RICCHEZZA

Segreti della creazione di ricchezza scientifica - Diversificazione

Questa è una serie di articoli sullo studio di idee scientifiche generali per creare un sistema di creazione di ricchezza che funzioni secondo le leggi dell'Universo. Questi concetti provengono dall'osservazione del nostro ambiente. Gli scienziati hanno scoperto che le leggi della natura seguono determinati schemi. Alcune leggi fisiche sembrano essere presenti ovunque, dai piccoli atomi alle stelle enormi.

Tutto nella sfera fisica tende a essere influenzato da queste leggi, quindi possono anche essere applicate alla tua attività, come

CREAZIONE DI RICCHEZZA

vedrai in pochi minuti. L'intera serie contiene i seguenti articoli.

1. Entropia
2. Vita
3. Moltiplicazione
4. Sinergia
5. Inerzia
6. Gravità
7. Diversificazione

La diversificazione è ovunque in natura. La vita non riguarda una cosa. Implica molte cose. È come dice il proverbio "la varietà è il sale della vita". In questo articolo troverai informazioni sulla diversificazione e su come applicare questo concetto alla tua attività.

C'è una grande diversificazione nell'universo. I pianeti sono diversi l'uno dall'altro. Lo stesso con le stelle e le galassie. Differiscono per forma, dimensioni, colore, struttura interna, ecc.

C'è un'uniformità diversificata nell'Universo. Ad esempio, gli esseri viventi contengono carbonio come uno dei suoi componenti. Una cellula è la più piccola unità strutturale di base nella vita. Esistono molte somiglianze comuni come queste tra gli organismi viventi, ma differiscono tutte per dimensioni, colore, specie, habitat, durata della vita, forza fisica e molti altri aspetti.

Lo stesso vale per le aziende. Se ti concentri sullo sviluppo di un singolo prodotto, puoi avere molto successo, ma la maggior parte delle aziende cerca di commercializzare almeno alcuni prodotti. Alla gente piace avere opzioni. Ad esempio, tutte le auto hanno una struttura di base simile: un veicolo utile per il trasporto con quattro ruote, un motore, un parabrezza, ecc.

CREAZIONE DI RICCHEZZA

Ciò che rende un individuo la scelta di un'auto piuttosto che un altro sono i dettagli. Spesso i piccoli dettagli fanno la differenza. Lo stesso accade con i prodotti o servizi che un'azienda può offrire ai propri clienti.

Quando i tuoi clienti vengono da te, potrebbe non piacere un prodotto solo per il suo colore. Apportando piccole modifiche e offrendo alle persone più opzioni, puoi aumentare le tue vendite.

Un altro modo per applicare la diversificazione alle aziende è stabilire molteplici flussi di reddito. Puoi farlo aumentando le fonti di reddito all'interno della tua azienda. Puoi anche avviare nuove attività e fare diversi investimenti. Come dice il proverbio: "Non mettere tutte le uova nello stesso paniere". Inoltre "la diversificazione è l'unico pranzo gratuito".

CREAZIONE DI RICCHEZZA

L'idea non è quella di diversificare in una sola volta, ma un passo alla volta. Se provi a fare tutto allo stesso tempo, potresti rimanere bloccato.

Una buona idea sarebbe quella di avviare un'attività e diversificare i flussi di reddito all'interno di tale attività. Potrebbe essere, ad esempio, offrire diversi prodotti e servizi ai tuoi clienti, in modo che abbiano opzioni tra cui scegliere.

Quindi, una volta che l'attività diventa redditizia, puoi diversificare e stabilire un altro flusso di entrate, un altro e un altro, ecc. Anche gli investimenti sono una buona opzione. Molti investimenti ti consentono di ricevere entrate passive, quindi non devi lavorare costantemente per guadagnare denaro.

CREAZIONE DI RICCHEZZA

L'idea di diversificazione è molto importante. Se metti tutti i tuoi sforzi in un unico progetto, stai correndo un rischio.

I flussi multipli di reddito sono particolarmente efficaci nel supportare problemi di denaro imprevisti quando compaiono all'improvviso. Ecco perché molte persone benestanti hanno attività diverse invece di una sola.

 CREAZIONE DI RICCHEZZA

Segreto per la libertà finanziaria

Libertà finanziaria, segreto del successo degli investimenti, proprietà immobiliari, ricchezza del mercato azionario, guadagni, investimenti, internet marketing, milionario, reddito, sicurezza, opportunità, affari domestici, denaro, contanti, fortuna.

È sempre stato il sogno e il desiderio dell'umanità di cercare la libertà: libertà di pensiero, libertà di espressione, libertà di credo. Perché non la libertà finanziaria allora!

Definizione di Wikipedia: "La libertà finanziaria descrive uno stile di vita ben pianificato in cui non è più necessario lavorare per guadagnare un reddito per coprire le spese".

CREAZIONE DI RICCHEZZA

Rich Dad Poor Dad e altri libri sulla finanza personale si sono davvero interessati e si sono chiesti perché la scuola e il college non ci abbiano insegnato come ottenere informazioni finanziarie. Questo libro, tra gli altri, sostiene l'indipendenza finanziaria attraverso investimenti, proprietà immobiliari, società proprietarie e altri mezzi per generare denaro e tattiche di protezione.

Molti di noi hanno fame e aspirano alla libertà finanziaria. Quando si lavora in un'organizzazione senza capacità decisionale, la direzione determinerà il suo benessere finanziario. Assumerà le conseguenze di un fallimento amministrativo, all'interno o all'esterno del suo controllo.

Potrebbero essere macro fattori esterni come: ambiente di mercato, concorrenza, politiche del governo, atto di Dio... intenzionalmente o no. Porterà i vantaggi dell'errore di gestione:

CREAZIONE DI RICCHEZZA

ridimensionamento, ridimensionamento, riduzione dei salari e stagnazione della retribuzione.

Cosa succederà dopo ...? Inizi a cercare un altro lavoro. Forse questa volta, la tua fortuna brilla, riesci ad assicurarti ... parole sbagliate da usare, ottenere un lavoro lavorando in una grande azienda blue chip, forse meglio, lavorare come dipendente pubblico con una ciotola di riso di ferro.

Nella tua mente, devi dire: finalmente ce l'ho fatta nella vita ..... !! Stai cercando delle anime? Ce la fanno davvero? Il tuo stipendio può o meno essere in grado di sostenere le tue spese quotidiane. O forse sei uno dei milioni che ancora lottano per pagare i mutui, prestiti auto, carte di credito, bollette e bollette telefoniche ... bollette che non finiscono...!

CREAZIONE DI RICCHEZZA

Forse sei molto fortunato, in grado di trovare un lavoro in cui la busta paga supera le tue attuali spese di vita. Potresti essere uno dei pochi fortunati che guadagnano un buon reddito lavorando al vertice di un'organizzazione. Ma poniti questa domanda: sei felice? Sei fuori dalla corsa quotidiana dei topi? Sei fuori dalla spietata politica dell'ufficio? Sei bloccato negli ingorghi quotidiani del mattino che non sembrano mai diminuire?

Potrebbe essere vero che ti piace il tuo lavoro. Eccellente....! Ma stai crescendo i tuoi soldi? Stai usando il potere della capitalizzazione per accumulare ricchezza in modo tale che quando arriva il giorno in cui decidi di lasciare il lavoro, hai una montagna di ricchezza per sostenerti? Solo quando avrai raggiunto quella fase finanziaria sarai in grado di dire con orgoglio: "Faccio ciò che amo perché voglio!!"

CREAZIONE DI RICCHEZZA

La libertà finanziaria non significa semplicemente esente da debito, il debito è un'altra spesa. Finché un reddito da investimento passivo può coprire tutte le spese, uno sarà considerato finanziariamente libero. Questo investimento passivo sufficientemente ampio di "risparmi" dovrebbe anche essere facilmente liquidato, se necessario. In termini semplificati, la libertà finanziaria è quella in cui non è necessario lavorare per denaro, ma il denaro funziona per te.

"Come si fa?" Si potrebbe ottenere trovando, imparando e spendendo tempo, fatica e denaro costruendo qualcosa (investimento passivo) che generi reddito in modo redditizio e coerente, molto tempo dopo aver "completato l'edificio". Esistono molti modi per costruire una macchina da soldi. Potrebbe essere l'investimento o la negoziazione in azioni, valute, futures, materie prime o qualsiasi strumento finanziario in grado di fare soldi. Internet marketing, MLM, iniziative imprenditoriali e immobili per affitto / reddito da capitale sono altri modi per fare soldi.

Il più grande ostacolo alla libertà finanziaria è che non tutti hanno le capacità, l'esperienza, la conoscenza e i soldi per costruirla. La chiave per la ricchezza è trovare qualcosa che si adatta alle tue capacità e costruirla.

La "macchina generatrice di denaro" può essere più di una, potrebbe essere più macchine. Le dimensioni o il numero di macchine che stai cercando di costruire dipenderanno in gran parte dal desiderio, dal capitale e dal livello di tolleranza al rischio. Ognuno è diverso. L'importante è che tu debba essere colui che controlla le decisioni che riguardano la tua vita.

Il percorso scelto per la libertà finanziaria dipenderà anche in gran parte dal tuo interesse e dalla quantità di denaro che hai. È

CREAZIONE DI RICCHEZZA

vero che hai bisogno di soldi per generare denaro, ma è anche vero che puoi creare ricchezza con pochi soldi.

Molti uomini e donne ricchi hanno dimostrato che se c'è una volontà, c'è sempre un modo. Quindi, una volta terminato di leggere questo ebook, inizia a costruire il tuo impero di abbondanza.

Se vuoi davvero raggiungere la grandezza finanziaria, devi prima rimuovere tutti i blocchi inconsci che devi guadagnare. Infine, devi liberare la mente per creare la ricchezza che meriti.

CREAZIONE DI RICCHEZZA

Dovresti usare un broker privato di gestione patrimoniale?

Se hai un business e tutto il duro e difficile lavoro che hai fatto per renderlo di successo, allora è probabilmente una buona idea trovare un broker privato di gestione patrimoniale. Non deve essere un business ricco in questo momento, ma un servizio finanziario può aiutarti ad espandere il tuo potenziale, forse anche meglio di quanto tu abbia mai immaginato. Quando cerchi un broker di investimento, assicurati che siano interessati ai tuoi obiettivi a lungo termine e alla tua tolleranza al rischio, capisci la natura delle tue risorse. Stai cercando un broker privato di gestione patrimoniale che abbia interesse a sviluppare un'allocazione patrimoniale a lungo termine e lavori con te per attuare una strategia appropriata per aiutarti a raggiungere i tuoi obiettivi. Il broker deve servire il portafoglio di ogni singolo cliente su base continuativa e valutare su base regolare possibili adeguamenti in risposta a cambiamenti economici, tendenze del mercato o esigenze dei clienti. La gestione del denaro delle persone e dei risparmi sulla vita offre enormi opportunità e responsabilità a loro, alle famiglie e ai dirigenti di family office. Affrontare i problemi della ricchezza generazionale richiede i partner giusti. Quando si sceglie un broker privato di gestione patrimoniale, si dovrebbe richiedere un partner proattivo con capacità di livello mondiale. Scegli il servizio finanziario che disporrà di soluzioni finanziarie complete progettate per aiutarti a crescere, preservare e gestire la tua ricchezza.

Molti servizi finanziari hanno una divisione specializzata composta da esperti di ciascuna delle loro aree di servizio e sono dedicati a fornire soluzioni finanziarie flessibili e complete per soddisfare le vostre esigenze uniche. Molti servizi credono, ovviamente, di essere leader in queste aree. Assicurati solo che si impegnino a identificare e analizzare rigorosamente informazioni finanziarie, questioni strategiche e tendenze, sia regionali che globali, che interessano aziende, industria, mercati e cambiamenti fondamentali che possono avere un impatto significativo su futuri titoli di investimento per te e la tua famiglia. La ricerca obiettiva e distinta è fondamentale per servire i clienti degli investitori nei mercati azionari, obbligazionari, valutari e delle materie prime di tutto il mondo. Quando cerchi un broker privato di gestione patrimoniale, devi assicurarti di essere a tuo agio con il tuo broker, abbastanza da stabilire un tipo di legame con questa persona. Dopotutto, lui o lei sarà il tuo consulente di fiducia e il tuo obiettivo dovrebbe essere quello di costruire e gestire la tua ricchezza.

CREAZIONE DI RICCHEZZA

Il servizio di gestione patrimoniale privato che scegli dovrebbe essere quello di fornirti gli strumenti e i servizi necessari per ridurre gli oneri amministrativi della gestione del denaro che ti permetteranno di concentrarti su ciò che fai meglio: massimizzare le prestazioni aziendali, far crescere la tua attività e attirare nuovi fonti di capitale. Avete programmi che possono darvi l'opportunità di generare e aumentare le entrate attraverso transazioni ben comprese e relativamente a basso rischio? Sei alla ricerca di solidi consigli di investimento da parte di consulenti di cui ritieni di poterti fidare. Invece di prodotti preconfezionati, hai bisogno di accedere a soluzioni di investimento di qualità basate sulla tua situazione unica e hai bisogno di aiuto per sviluppare un piano finanziario coordinato che cerchi di affrontare la situazione di ricchezza totale e di cambiare le esigenze nel tempo.

Le 5 leggi irremovibili della creazione di ricchezza online

Quando Internet è iniziato, pochi potevano immaginare fino a che punto i suoi effetti andranno avanti in più di un decennio. È un dato di fatto ora che Internet continuerà a cambiare praticamente ogni aspetto della nostra vita quotidiana. Mentre la popolazione globale di Internet continua ad espandersi, anche le opportunità per gli imprenditori e la gente comune cercano di sfuggire alla schiavitù di un lavoro dalle nove alle cinque.

La creazione di ricchezza online è per tutti. La miriade di opportunità presentate online consente a chiunque di iniziare a costruire ricchezza su di essa. Ci sono così tante aree da esplorare e indipendentemente dal tuo livello di talento, abilità o interesse, troverai

CREAZIONE DI RICCHEZZA

qualcosa che fa per te. Qualcuno una volta ha detto che "puoi trasformare qualsiasi passione in profitto online" e questo è più vero che mai. Sembra che il problema maggiore non sia trovare un programma adatto, ma non essere distratti dalle varie opzioni con cui siamo bombardati. Ogni giorno si aprono nuove opportunità e la nostra naturale tendenza è agire. Tuttavia, la creazione di ricchezza online dipende dalla concentrazione e dall'avere la disciplina da non distrarre.

Se ti impegni a costruire la tua ricchezza online, ha molti ovvi vantaggi. La libertà di lavorare sul proprio orologio e di rispondere solo a se stessi sono i motivi principali per cui così tanti passano dall'ufficio alla stanza degli ospiti a casa. Molti programmi di creazione di ricchezza online creano delusioni che lasciano molti aspiranti neofiti dopo aver investito il loro prezioso tempo e denaro. Internet è un mondo difficile quando si tratta di guadagnarsi da vivere, ma è di nuovo nel mondo "reale". Non aspettarti un viaggio facile, ma non scoraggiarti neanche. Ci sono così tante opportunità online che troverai sicuramente il tuo posto il prima possibile.

Esistono cinque leggi sulla creazione di ricchezza online che possono aiutarti moltissimo a creare il tuo successo a lungo termine. Ti consiglio di utilizzare queste leggi per valutare potenziali opportunità o semplicemente per valutare la tua posizione attuale.

La legge dell'eccellenza:

Le cose tendono a muoversi molto velocemente online. È essenziale impegnarsi per l'eccellenza e continuare a imparare e migliorare. Se non lo fai, sarai sicuramente lasciato indietro.

Puntare all'eccellenza. Non puoi continuare a fare le stesse cose e sperare di migliorare, o fare di più di ciò che non funziona non lo farà funzionare meglio.

La legge sulla qualità:

Il termine "creazione di ricchezza" implica che non è qualcosa di istantaneo. La qualità è sempre premiata a lungo termine e, sebbene alcuni degli schemi "arricchisci rapidamente" funzionino online, raramente funzionano a lungo termine. C'è una grande differenza tra fare soldi veloci e creare ricchezza. Indipendentemente da ciò che credi online, cerca prima la qualità, in quanto ciò garantirà la sostenibilità in ciò che fai.

La legge della scelta:

La ricchezza è una scelta. Probabilmente l'hai già sentito prima, ma non l'hai mai capito del tutto. Essere ricchi inizia con una scelta ed è una scelta che devi fare ogni giorno. Internet è responsabile della più grande distribuzione di ricchezza nella storia. Il potere si sta spostando dalle grandi aziende al ragazzo (o ragazza) nel suo garage con un solo laptop. Puoi scegliere di far parte di questo o continuare a fare ciò che hai sempre fatto.

La legge della persistenza:

Quando si tratta di creare ricchezza online, per alcuni la curva di apprendimento sarà maggiore rispetto ad altri. Indipendentemente dal tuo livello di abilità, dovrai affrontare molte sfide. È qui che entrano in gioco la perseveranza e la fiducia in ciò che stai facendo.

Tieni presente che incontrerai sempre molte difficoltà prima di avere successo: è essenziale per la tua crescita personale e il tuo sviluppo a un livello di successo.

 CREAZIONE DI RICCHEZZA

La legge del valore:

Qualunque cosa tu faccia online, diventa un giocatore di squadra! La tua ricchezza e il tuo successo sono direttamente proporzionali alla quantità di valore che aggiungi alle altre persone. Se vuoi avere più successo, pensa solo a come puoi aggiungere più valore alla vita di altre persone.

Il successo finanziario è certamente raggiungibile praticamente per chiunque. Tuttavia, esiste una grande differenza tra successo ottenibile e successo sostenibile. Pensa solo alla storia di I tre porcellini: devi costruire la tua "casa" in mattoni e assicurarti che il tuo successo sia sostenibile a lungo termine. Dopo tutto, chi vuole abbandonare il suo lavoro quotidiano per tornare solo dopo sei mesi?

L'abitudine automatica alla creazione di ricchezza

Puoi davvero creare ricchezza automaticamente?

La risposta è sì...devi solo prendere una nuova abitudine di creazione di ricchezza.

Amerai questa abitudine perché non devi nemmeno ricordarla ... un computer bancario ricorda l'abitudine per TE! Come è possibile? Continua a leggere e lo vedrai presto.

Ecco come funziona l'abitudine automatica alla creazione di ricchezza. Si basa sul miracolo dell'interesse composto e sulla straordinaria tecnologia bancaria che è disponibile praticamente per tutti noi oggi.

CREAZIONE DI RICCHEZZA

Passo 1

Se non hai un conto bancario con "Bill Pay", vai in una banca che lo possiede e apri un nuovo conto. Chiedi loro quanti assegni possono essere inviati al mese, se possono essere gestiti online, quali sono i costi. Molte banche ora offrono questo servizio gratuitamente come promozione per ottenere più clienti.

Passo 2

Decidi chi vuoi aiutare a creare ricchezza. Puoi iniziare all'inizio dei tuoi primi passi nel mondo della finanza, con te, con tuo figlio, con un nipote o anche un amico. Questa abitudine funziona anche per costruire ricchezza spirituale. Aiutare sempre gli altri ti eleva e ti collega con i tuoi simili.

 CREAZIONE DI RICCHEZZA

Passo 3

Dopo aver aperto l'account, è ora possibile selezionare qualsiasi importo di denaro che si desidera inviare a qualsiasi persona o organizzazione e in quasi ogni intervallo di tempo. Alcune banche offrono persino un numero illimitato di fatture che possono essere inviate. Le banche invieranno quindi assegni a intervalli regolari alle persone o organizzazioni designate.

Il vero potere di questa abitudine è che non invierete fatture nella maggior parte dei casi, invierete automaticamente pagamenti per la creazione di ricchezza.

Va bene, prima di passare al punto 4, esaminiamo l' incredibile potere di un crescente interesse per vedere quanta ricchezza può essere accumulata nel tempo con questa abitudine.

CREAZIONE DI RICCHEZZA

Ecco un esempio della quantità di ricchezza che potresti generare facendo in modo che la tua fattura invii solo $ 50 al mese a un conto (fondo comune, IRA, ecc.) Con un rendimento del 5%.

1 anno = $ 615
5 anni = $ 3,400
10 anni = $ 7,764
25 anni = $ 29.775

Puoi ottenere maggiori informazioni sull'interesse composto facendo una ricerca su Google su Internet. Ovviamente, la quantità di ricchezza che è possibile generare varia con gli importi e la frequenza dei pagamenti delle fatture inviati ai conti di creazione della ricchezza e il loro tasso di interesse. È qui che la ricerca può aiutarti, ecco perché è essenziale che tu sia educato e informato.

CREAZIONE DI RICCHEZZA

La bellezza del sistema di pagamento delle bollette è molto semplice per regolare gli importi ricorrenti su o giù a seconda della situazione finanziaria attuale. Ad esempio, puoi impostare il pagamento della fattura per inviare $ 12,50 ogni settimana a un account (equivale a $ 50 al mese) o modificarlo in $ 15 a settimana per alcune settimane e poi tornare a $ 12,50 in seguito. Sei tu a decidere esattamente chi riceve i soldi, quanto e quanto spesso. Hai il pieno controllo in ogni momento.

Passo 4

Ora è il momento di impostare l'abitudine automatica alla creazione di ricchezza utilizzando il sistema di pagamento delle bollette della tua banca. Ottieni l'indirizzo della persona o dell'organizzazione a cui desideri inviare i soldi, incluso il numero di conto. Vai online e crea un nuovo account con queste informazioni. Imposta frequenza e quantità.

CREAZIONE DI RICCHEZZA

Puoi essere molto creativo con il modo in cui costruisci ricchezza e con chi aiuti a costruirla.

- Imposta il pagamento automatico delle fatture per finanziare l'istruzione universitaria di un bambino. Ci sono molti stati che hanno piani che iniziano con bassi tassi mensili quando il bambino nasce o è ancora giovane.

- Imposta un pagamento automatico della fattura per finanziare un conto di risparmio di un bambino, ti basterà inviare i soldi alla banca del bambino con il suo numero di conto nella nota di controllo "Deposito nel conto ######"

- Imposta un pagamento automatico della fattura per inviare un pagamento a un'organizzazione benefica ogni settimana. Se la tua chiesa riceve un pagamento di

beneficenza automatico ogni settimana, stai aiutando a sostenere la tua chiesa ogni settimana, anche quando manca un servizio domenicale.

- Imposta il pagamento automatico delle fatture per inviare denaro a qualcuno che ne ha bisogno.

- Imposta il pagamento della fattura per pagare effettivamente le fatture che hai pagato in ritardo in passato.

Le possibilità sono infinite...devi solo agire e farlo accadere!

CREAZIONE DI RICCHEZZA

Il percorso verso la vera ricchezza

Molte persone credono che il percorso verso la vera ricchezza inizi con una grande opportunità per guadagnare denaro. Questo è solo parzialmente vero. Mentre di tanto in tanto si presenta una buona opportunità di creazione di ricchezza, in realtà sono pochi e rari. La maggior parte delle persone che ottengono la vera ricchezza sono coloro che hanno un budget saggio, lavorano sodo e non vivono come se fossero ricchi e, soprattutto, hanno un'istruzione in materia.

Il percorso verso la vera ricchezza inizia con determinazione. Quando sei determinato ad accumulare ricchezza, avrai successo, anche se non accadrà subito. Gli stimoli di determinazione daranno forza, duro lavoro e

CREAZIONE DI RICCHEZZA

pizzicamento. Tuttavia, la determinazione non è sufficiente.

Il prossimo passo sulla strada per la vera ricchezza è fare un piano. Le possibilità di trovare quel programma rapido per arricchirsi di cui tutti parlano di fare milioni sono piuttosto scarse. È necessario fare un piano per una carriera redditizia, affari o opportunità di fare soldi. Devi anche fare un piano di investimenti.

La vera ricchezza riguarda il budget e gli investimenti. Non spendere tutti i soldi che guadagni. Risparmia fino a quando non hai abbastanza da investire. Questo è in realtà più facile di quanto sembri.

È importante che tu abbia raggiunto uno stile di vita comodo ma non eccessivo (almeno all'inizio del tuo viaggio), ricorda che se aumenti il tuo stile di vita, maggiore sarà il divario per mantenerti, dal momento che

 CREAZIONE DI RICCHEZZA

dovrai maggiori entrate per sostenere sia te che il tuo business.

Puoi investire in investimenti a basso rischio e ad alto rendimento, come i conti del mercato monetario, oppure puoi investire in azioni o materie prime.

Investire in società nuove e future che sono molto promettenti, a volte chiamate penny stock, è uno dei modi migliori per investire i tuoi soldi e accumulare rapidamente ricchezza reale. Investire i soldi che non spendi è il modo migliore per accumulare vera ricchezza.

Questo è un esempio perfetto di come accumulare vera ricchezza. Un uomo ha iniziato a lavorare in una cava. È stato promosso al management, quindi al management esecutivo. All'inizio degli anni '80, l'uomo ha investito quasi $ 10.000 in risparmi di penny in una società che molti pensavano non avrebbe mai fluttuato. Più tardi, era un milionario quando Cellular One decollò come un razzo.

Prese i soldi, li reinvestì e fece ancora più soldi. Tuttavia, l'uomo viveva solo in una casa abbastanza grande per la sua famiglia numerosa.

Quando alla fine morì, aveva più di un milione di dollari da distribuire alla sua famiglia e non lavorava da vent'anni.

La soglia tra creazione di ricchezza e distruzione

La ricchezza è semplicemente l'accumulazione di denaro e può essere creata solo dalla quantità di denaro ricevuta e mai spesa. Se vuoi generare ricchezza, ogni volta che ricevi denaro: non spenderli tutti. Naturalmente è un concetto molto semplice, ma è molto difficile da realizzare continuamente. Fortunatamente, ci sono alleati prontamente disponibili per aiutarti: trova alcuni motivi convincenti per iniziare a risparmiare, prendere l'abitudine, guardare i tuoi sforzi e impostare alcune pietre miliari finanziarie per ricompensarti.

Mettere da parte una percentuale di tutti i soldi che ricevi è il modo migliore per continuare e sviluppare l'abitudine di risparmiare denaro. Ci sono alcuni avari tra noi che ritengono che il risparmio sia facile, ma la maggior parte delle persone vuole spendere molto più di quanto guadagna; molto meno hanno la disciplina di spendere meno di quanto guadagnano. Pertanto, inizia come una battaglia mentale ed emotiva in salita che è resa più semplice continuando l'abitudine e vedendo i risultati del tuo sforzo. Spendere meno di quanto guadagni ogni settimana, ogni mese, ogni anno è l'unico modo per accumulare denaro.

Quanti soldi dovresti mettere da parte per accumulare risparmi? Deve essere una percentuale per trasferirlo automaticamente su un conto di risparmio separato ogni volta che ricevi entrate, senza eccezioni. L'intervallo dal 10% al 30% è la percentuale iniziale più efficace per le persone che continuano a risparmiare per lunghi periodi di tempo. Man mano che salvi ripetutamente una percentuale impostata, diventerà più comune, automatico e previsto. Quindi sarai pronto per aumentare la tua percentuale. E più alto è il tasso di risparmio, la tua crescente quantità di denaro creerà più motivazione per continuare a risparmiare.

Nei fragili primi anni di risparmi, puoi solo fare una singola mossa finanziaria sbagliata per cancellare tutto ciò che hai risparmiato finora. E la mossa sbagliata più comune non sembra così quando sta accadendo. Questo movimento di drenaggio può anche iniziare in modo insidioso e creare un'abitudine diversa, l'abitudine di distruggere la ricchezza. Conosci il problema: paga l'intero saldo della tua carta di credito, ogni mese, senza eccezioni. Ad esempio, se non hai risparmiato denaro per una vacanza prima di partire e poi addebitato sulla tua carta di credito, ci sono buone probabilità che non pagherai per molto tempo. Le società di carte di credito lo sanno e stanno estraendo dollari da te invece di guadagnare i tuoi interessi. Ti sei trasferito nel lato oscuro della distruzione della ricchezza, dove è più comune che il saldo della tua carta di credito cresca e non diminuisca.

Ricostruiamo la tua ricchezza. Una volta che inizi a prenotare la percentuale di risparmio che hai deciso e aperto un conto di risparmio dedicato, è necessario rivedere attentamente gli estratti conto per motivare te stesso. Rivedi i progressi che hai fatto finora e vedrai come progredisci verso gli obiettivi finanziari che hai come obiettivo.

E un altro motivatore è premiarti spendendo dei soldi per te stesso quando hai raggiunto determinati traguardi. Ad esempio, potresti iniziare con l'obiettivo di accumulare $ 500 e premiarti con qualcosa di significativo; E poi ogni volta che raddoppi l'importo del tuo risparmio, ricevi un'altra ricompensa.

CREAZIONE DI RICCHEZZA

I veri determinanti della creazione di ricchezza

L'istruzione formale d'élite è sopravvalutata

C'è un grande mito che andare in una grande scuola e ottenere un buon lavoro ti aiuterà a creare ricchezza. In effetti, è più probabile che lo seppellisca in così tanti debiti che sarai vicino alla pensione quando sarai libero da debiti.

Le grandi spese legate alle istituzioni d'élite hanno due scopi. (1) Fornire una rete / struttura attraverso la quale le élite facoltose possano conservare il potere; e (2) caricare i non abbienti con un debito enorme . Nel libro fondamentale, Education and the Rise of the Corporate State, Joel Spring scrisse che "lo sviluppo di un sistema simile a una fabbrica nell'aula del XIX secolo non fu casuale". Russell Conwell, membro della ricca élite e fondatore di una delle più antiche istituzioni educative degli Stati Uniti, la Temple University, espresse sentimenti che riteneva debbano essere integrati nell'istruzione:

"I ricchi possono essere i più onesti che incontri nella comunità ... Novantotto su cento ricchi in America sono onesti. Quindi sono ricchi. Questo è il motivo per cui vengono loro affidati i nostri soldi ... È perché sono uomini onesti ... il numero di poveri a cui essere comprensivi è molto piccolo. Simpatizzare con un uomo che Dio ha punito per i suoi peccati ... è fare del male ".

I lavori d'élite che creano ricchezza sono rari

In sostanza, l'educazione d'élite costruisce un sistema di caste finanziato dal debito. Ci sono due scenari prevalenti che gli studenti dell'istruzione d'élite affrontano dopo la laurea. Ci sono quelli che emergono da queste scuole senza debiti e, in ogni caso, non avevano davvero bisogno del vantaggio di un'istruzione d'élite, e quelli che sono gravati di debiti e diventeranno ingranaggi nella macchina per gli interessi dei debiti. Per coloro che credono di poter uscire da questa enorme montagna di debiti salendo la scala aziendale nella terra delle opportunità, ripensaci. Nel 1965, i CEO negli Stati Uniti hanno guadagnato circa 24 volte di più rispetto ai loro dipendenti. Nel 2006, i CEO negli Stati Uniti hanno guadagnato 262 volte di più rispetto ai loro dipendenti (Fonte: BBC News, 22 giugno 2006).

Inoltre, nel 2005 e nel 2006, i CEO delle 11 maggiori aziende statunitensi. Stati Uniti d'America Hanno raccolto $ 865.000.000 di stipendio mentre la loro leadership ha fatto perdere agli azionisti $ 64.000.000.000 di azioni della società. Non importava se la sua leadership avesse distrutto miliardi di dollari

in borsa. Erano ancora premiati. Ecco come funziona il moderno sistema di caste.

A meno che non studi ingegneria, legge, architettura o medicina, la maggior parte dell'istruzione formale non è solo irrilevante per la creazione di ricchezza, ma sicuramente la costruirai molto più velocemente se diventerai un imprenditore e / o imparerai a investire correttamente. L'istruzione formale cambierà solo quando la maggior parte delle scuole inizierà a insegnare ciò che realmente serve per avere successo finanziario più avanti nella vita. E questo include lezioni su:

1. Investire in azioni e attività non azionarie.
2. Sfruttare il denaro.
3. Tempo di leva.
4. Costruire reti di successo.

Allo stato attuale, si può andare ad Harvard o Oxford, guadagnare un dottorato ed essere ancora mal preparati per generare ricchezza. Indubbiamente, la rete che è costruita in questo tipo di istituzioni ha un valore esponenzialmente più prezioso dell'educazione ricevuta.

Risparmio = perdita di denaro

Forse un suggerimento ancora peggiore è quello di risparmiare e risparmiare denaro. Risparmiare denaro in un conto di risparmio e lasciarlo lì al tasso di interesse "X" trasforma semplicemente il tuo denaro in polvere.

Esistono quasi sempre buone opportunità di investimento in termini di rischio in qualche parte del mondo, non solo nei mercati azionari.

CREAZIONE DI RICCHEZZA

Se, ad esempio, le opportunità immobiliari in Corea sono scarse, allora l'Argentina o l'Islanda potrebbero essere in forte espansione.

Si tratta solo di ampliare le prospettive per trovarle ed essere sempre informate sui tuoi problemi economici e su dove risiedi.

Avere il denaro inutilizzato e non lavorare per te non è mai una buona strategia quando vuoi costruire ricchezza.

CREAZIONE DI RICCHEZZA

I due più grandi ladri quando si tratta di creare ricchezza

I due più grandi ladri di ricchezza che una persona incontrerà sono detrazioni fiscali e cause legali. Le tasse lavorano contro di te riducendo la tua ricchezza. Questi includono le tasse sul reddito federali, le tasse statali, le imposte sul reddito, tra le altre cose (questo dipende da ciascun paese).

Quindi le cause legali sono l'altro male. Questa non è la lenta riduzione della tua ricchezza come con le tasse. È l'improvvisa confisca dei soldi che hai lavorato per generare. Puoi letteralmente cadere dalla cima del totem al fondo della canna durante la notte. Penso che non ci siano vincitori nelle cause perché anche "vincere" una causa

CREAZIONE DI RICCHEZZA

richiede tempo e denaro che ti rallenteranno. Ancora una volta, puoi proteggerti imparando a strutturarti correttamente.

Per comprendere queste strategie, è fondamentale differenziare i concetti di attività e passività. Chiediti quanto segue: un investimento immobiliare è un'attività o una passività? Potresti pensare: "Generare reddito e fornire equità; pertanto, deve essere un vantaggio.

Tuttavia, la risposta è più complessa. È necessario osservare come si possiede il titolo per quella proprietà. Se lo possiedi in modo errato e non è strutturato correttamente, potresti essere a rischio. Se hai la tua casa, la tua auto, i tuoi conti bancari insieme, qualcuno può prenderli tutti in una volta. Pertanto, è necessario imparare a strutturare l'entità.

CREAZIONE DI RICCHEZZA

L'ultimo sistema di creazione di ricchezza

La maggior parte delle persone cerca il miglior sistema di creazione di ricchezza per gran parte della propria vita. Ognuno ha, se lo desidera e si impegna, la possibilità di guadagnare denaro. Indipendentemente dal tuo livello di istruzione o livello di abilità, hai il potere di generare entrate. Vuoi ascoltare le buone notizie a riguardo e in che modo ti connette al sistema di creazione di ricchezza per eccellenza? Non è quanto guadagni; ciò che ne fai determina le tue condizioni finanziarie. La seconda metà dell'ultimo sistema di creazione di ricchezza è ciò che fai con i soldi che guadagni. Esiste un sistema per controllare il flusso di denaro per creare ricchezza. Le persone molto facoltose conoscono questo sistema. Funziona indipendentemente dal fatto che tu sia un

CREAZIONE DI RICCHEZZA

dipendente che lavora per qualcun altro e stai utilizzando il sistema per controllare il flusso del tuo reddito personale o se sei un imprenditore che utilizza il sistema per controllare il flusso del reddito dell'azienda. È un sistema incredibilmente semplice.

1. SPENDERE MENO DI QUELLO CHE FAI: Riduci le spese per operare all'interno delle tue entrate.

2. METTERE ALMENO IL 10% DEL TUO REDDITO SU RISPARMIO E MAI SPESE: Prenota regolarmente somme di denaro dal tuo reddito per il futuro: pagati prima e risparmia denaro per ottenere la libertà finanziaria. L'ultimo sistema di creazione di ricchezza richiede un minimo del 10% delle entrate di risparmio di ogni centesimo che guadagni. Dimentica di averlo. Mentre si accumula, spostalo in luoghi che guadagnano un interesse migliore rispetto ai conti di risparmio bancari, sul mercato azionario. Ciò include l'acquisto di case ed edifici commerciali che è possibile affittare per guadagnare più soldi. Questo è ciò che si sa quando dici che devi mettere i soldi per lavorare per te.

3. NON ACQUISTARE CON CREDITO: paga invece in contanti. Il debito è una malattia che dovresti evitare di contrarre. Calcola ciò che vuoi acquistare e risparmia denaro per l'acquisto ogni settimana fino a quando non hai i soldi. Per grandi acquisti come auto, mobili e attrezzature, acquista usato anziché nuovo. Ricorda che questi oggetti perdono valore dal momento in cui li acquisti.

4. TROVA MODI PER RENDERE PIÙ SOLDI: il costo della vita personale aumenta di circa il 3,5% ogni anno (a seconda del paese in cui risiedi), quindi devi guadagnare più denaro solo per tenerti aggiornato. Se lavori per qualcun altro, aumenta il tuo valore per l'azienda assumendoti più responsabilità e imparando a fare di più;

quindi chiedere un aumento. Devi essere disposto a fare un secondo lavoro, se necessario, per uscire dai debiti e iniziare a risparmiare denaro.

Se sei un imprenditore, rivedi la tua linea di prodotti e servizi e scopri come vendere articoli più redditizi. Devi essere disposto a interrompere gli articoli che non generano abbastanza profitti in termini di tempo, impegno e costi di vendita. Il segreto per fare più soldi è piuttosto semplice se lo presti attenzione.

5. USA I TUOI SOLDI PER AUMENTARE IL TUO REDDITO: dopo aver pagato il tuo ultimo sistema di creazione di ricchezza, che si tratti del 10% - 30% di risparmi e di pagare le bollette, usa i soldi rimanenti in modo da aumentare la tua capacità di generare più reddito.

CREAZIONE DI RICCHEZZA

Perché è così importante controllare il flusso di denaro? È l'energia e il sangue vitale di un'azienda o di una casa. Deve essere prima pompato nelle aree che generano entrate per mantenerlo in buone condizioni. Tutto funziona meglio quando è disponibile denaro contante.

Sembra semplice, vero? Ed è semplice. L'ultimo sistema di creazione di ricchezza può essere facilmente appreso e può essere utilizzato per ottenere la tua libertà finanziaria. Tuttavia, richiede disciplina e impegno personale per raggiungere l'obiettivo dell'indipendenza finanziaria in modo da non doversi più preoccupare dei soldi.

La grande notizia è che hai il controllo su questo sistema. Fatto correttamente e coerentemente, il risultato finale è sempre avere un sacco di soldi a portata di mano, tutte le bollette pagate e un sacco di soldi in riserve per finanziare ciò che veramente vuoi fare con i tuoi soldi; non solo pagare le bollette. Quanto bene controlli il flusso dei tuoi soldi determinerà quanto la tua azienda o famiglia sopravviveranno ora e in futuro.

La corretta applicazione di questi cinque passaggi farà funzionare questo sistema di creazione di ricchezza per te.

Creazione di ricchezza: un vantaggio della proprietà domestica

Man mano che invecchi, il tema della creazione di ricchezza viene in primo piano. La creazione di ricchezza si riferisce semplicemente all'aumento del patrimonio netto del patrimonio totale. Costruire ricchezza nel tempo è uno dei vantaggi della proprietà domestica.

Costruire equità

Possedere una casa può aiutarti a generare ricchezza in due modi. In primo luogo, si crea l'equità pagando il mutuo. Una certa percentuale di ogni pagamento del mutuo è destinata a una riduzione dell'importo totale dovuto. In generale, i pagamenti nei primi anni del mutuo sono applicati principalmente agli interessi dei prestiti. Tuttavia, con il passare del tempo, sempre più di ogni pagamento viene applicato all'importo del prestito in essere. Prima che tu lo sappia, il prestito di $ 300.000 è sceso a $ 50.000 e hai guadagnato $ 250.000 in ricchezza.

L'apprezzamento è il secondo vantaggio di creazione di ricchezza per la proprietà della casa. Ogni anno, il valore della tua casa aumenterà o diminuirà leggermente in base ai prezzi di mercato.

Nel tempo, il settore immobiliare ha sempre apprezzato il valore. Nel mercato attuale, le case in alcune parti del paese stanno apprezzando a tassi che vanno dal quindici al venti percento. L'apprezzamento è un argomento molto popolare tra i proprietari di case.

CREAZIONE DI RICCHEZZA

Esempio di creazione di ricchezza

Diamo un'occhiata a una semplice dimostrazione di quanto possa essere vantaggiosa la proprietà della casa. Supponi di acquistare una casa nel 2005 per $ 400.000 e, ai fini della matematica, non paghi nulla. Nei prossimi 10 anni, i suoi pagamenti ipotecari sono ridotti di $ 100.000 in attesa e il valore della casa aumenta a $ 600.000. Il valore della tua casa come patrimonio netto è cresciuto fino a $ 300.000 [$ 600.000 meno $ 300.000]. Se avessi preso in affitto in questo periodo, avresti perso $ 300.000 in ricchezza. Questo semplice esempio dovrebbe mostrarti il vantaggio di possedere una casa.

Storicamente, la proprietà della casa è uno dei modi migliori per le famiglie di accumulare ricchezza. Se al momento non possiedi una casa, dovresti iniziare a cercarla.

Soluzioni di gestione patrimoniale: abbondano le opzioni

La gestione patrimoniale è un concetto difficile da comprendere per molte persone, soprattutto in termini di investimenti e risparmi per il futuro. Con opzioni come azioni, obbligazioni, 401K, 529 e oltre, scegliere la giusta opzione di gestione patrimoniale può essere nella migliore delle ipotesi difficile e incredibilmente confusa in molte circostanze. Questo è il motivo per cui ci sono società di gestione patrimoniale che sono esperte in questi servizi ed esistono solo per aiutare le persone ad alta ricchezza attraverso i dolori della gestione patrimoniale e del private banking, nonché per educare alle persone su dove mettere i tuoi soldi e su come ogni investimento aiuterà le tue finanze a crescere.

Banca privata

Se sei interessato a saperne di più sui vari modi di investire i tuoi soldi o pianificare il tuo pensionamento, forse dovresti cercare opzioni di private banking. Nel private banking, hai un account manager diretto che puoi contattare in qualsiasi momento, se hai domande sul tuo account e su come vengono gestite le sue risorse. Ci sono molte opzioni di investimento attraverso il private banking e la maggior parte sono abbastanza semplici da capire, rendendola un'opzione preferita per molte persone che non hanno familiarità con la gestione patrimoniale.

Servizi di gestione patrimoniale

Per coloro che non capiscono bene, il concetto alla base dei servizi di gestione patrimoniale è disponibile in diverse strade per aiutare a determinare come gestire le finanze. La gestione patrimoniale significa molto più che attenersi a un budget; Significa anche pianificare il futuro e varie istituzioni possono aiutare a insegnare alle persone come gestire i propri soldi, oltre a fornire servizi completi di gestione patrimoniale.

Società di gestione patrimoniale

Hai considerato una società di gestione patrimoniale? Hai parlato con banchieri privati e non ti piacciono le opzioni che offrono per la gestione patrimoniale. Non sei un fanatico del computer, quindi non vuoi investire in software di gestione patrimoniale. Tuttavia, hai bisogno di una soluzione personalizzata per lo sviluppo più rapido delle tue risorse e non hai idea di dove investire. Le società di gestione patrimoniale sono create sulla base dell'aiutarti a seguire la strada giusta. Con un consulente personale, puoi configurare le opzioni di investimento per raggiungere i tuoi obiettivi specifici con la quantità di informazioni che ritieni necessarie.

Software di gestione patrimoniale

Puoi anche considerare i vantaggi del software di gestione patrimoniale. Molte persone hanno difficoltà a gestire le proprie finanze abbastanza da pianificare da stipendio a stipendio, figuriamoci avere un obiettivo per il futuro.

Quando si tratta di gestione patrimoniale, la maggior parte delle persone è completamente agitata dall'idea di avere un budget che consideri non solo i generi alimentari da acquistare domani, ma anche ciò che sarà necessario acquistare dopo il pensionamento tra 40 anni.

CREAZIONE DI RICCHEZZA

Il software di gestione patrimoniale è uno strumento utile per creare i tuoi piani finanziari in modo che tu possa sentirti a tuo agio con il tuo stile di vita attuale, assicurarti di avere le risorse di cui hai bisogno in futuro e nel frattempo di realizzare alcuni dei tuoi sogni.

CREAZIONE DI RICCHEZZA

Mi chiedo perché non si sta arricchendo rapidamente

Devi essere chiaro che non ci sono scorciatoie per la ricchezza istantanea. Mentre ci sono stati alcuni episodi di alto profilo di estrema ricchezza quasi dall'oggi al domani, come nel caso di Google e altri successi "istantanei", anche in questi casi si sono registrati grandi rischi e ingenti capitali spesi per creare ricchezza. In effetti, i fattori più importanti che portano al successo aziendale sono la volontà di assumersi dei rischi, la volontà di spendere capitale, la capacità di concentrarsi su un'idea e portarla a compimento e una buona fortuna all'antica. La maggior parte delle persone che hanno accumulato ricchezza lo hanno fatto nel tempo. Inoltre, si avvicinano all'investimento con un piano disciplinato e la ricerca incessante del tuo sogno.

Molte persone vogliono essere i propri proprietari e imprenditori, ma non hanno la giusta guida o un'idea che li porterà a un business di grande successo, o che cambi completamente le dinamiche di un modello di business. Fortunatamente, questo non è necessario per avere successo come imprenditore.

Mentre sarebbe bello avere una di queste idee di grande successo, ci sono molti altri modi per diventare il proprietario della propria attività. L'acquisto di un'azienda esistente è uno di quei modi per unirsi ai ranghi del mondo degli affari.

Ci sono singole aziende e franchising che possono essere acquistati direttamente o finanziati con vari mezzi. Questo di solito è uno sforzo costoso e generalmente richiede di

CREAZIONE DI RICCHEZZA

lasciare il tuo lavoro a tempo pieno per gestire il settore. Ciò comporta anche un certo grado di rischio, ma se fai i compiti e passi il tempo necessario per gestire la leva del prezzo di acquisto, oltre al trading giornaliero, può essere un ottimo modo per generare ricchezza a lungo termine.

Ancora una volta, non esiste un giro gratuito, perché nessuno ti fornirà tutti gli strumenti per gestire un'attività redditizia, a costo zero.

A meno che tu non sia strettamente interessato a svolgere un'attività specifica a casa a pagamento, la maggior parte dei modelli di business online o domestici richiedono di spendere soldi per ospitare un sito, aderire a società affiliate e marketing.

Queste sono aspettative ragionevoli quando si utilizza un programma di franchising o affiliazione esistente. Lo sviluppo di più flussi di reddito è altamente desiderabile e

CREAZIONE DI RICCHEZZA

può essere realizzato sviluppando un'attività a domicilio insieme al tuo lavoro a tempo pieno. Mentre il tuo obiettivo potrebbe essere quello di lasciare il tuo lavoro a tempo pieno o aumentare la tua pensione, lo sviluppo di un'impresa online o domestica può essere un modo gratificante per essere un imprenditore.

In sintesi, la costruzione di ricchezza reale sviluppa flussi di reddito e investire sistematicamente in attività diversificate porterà a una maggiore sicurezza azionaria e finanziaria.

Un giorno vedrai il tuo portafoglio di investimenti e ti accorgerai di aver accumulato ricchezza più velocemente di quanto pensassi.

MOLTI SUCCESSI SUL TUO MODO PER LA LIBERTÀ FINANZIARIA!!!

 CREAZIONE DI RICCHEZZA

Visita la nostra pagina degli autori su Amazon! E ottenere più libri di MENTES LIBRES!

https://www.amazon.it/MENTES-LIBRES/e/B08274DDV4?ref_=dbs_p_ebk_r00_abau_000000

Se lo desiderate, potete lasciare il vostro commento su questo libro cliccando sul seguente link in modo che possiamo continuare a crescere! Grazie mille per il vostro acquisto!

https://www.amazon.it/dp/B089MYWRLR

www.ingramcontent.com/pod-product-compliance
Lightning Source LLC
Chambersburg PA
CBHW071413210526
45465CB00001B/372